THIS JOURNAL
BELONGS TO:

..............................

..............................

..............................

D1603439

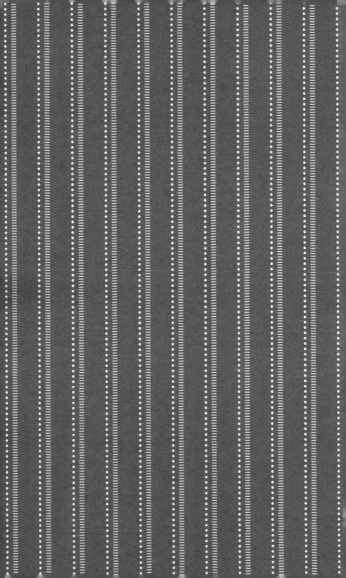

# 60-Second MEMORY JOURNAL

## A Yearlong Happiness Chronicle

*"Happiness, knowledge, not in another place,*
*but this place—not for another hour,*
*but this hour."*

—Walt Whitman, "Carol of Occupations,"
from *Leaves of Grass*, 1881

• •

You can start this keepsake journal on any day of the year. You only need around a minute a day—60 seconds in the morning or before you go to sleep—or both—to create a yearlong record you'll treasure forever. There are prompts on every page (a rotating set for every three days) to help you track your accomplishments and joyful moments, and acknowledge the people and things you're grateful for.

**STERLING**
New York

An Imprint of Sterling Publishing
1166 Avenue of the Americas
New York, NY 10036

ISBN 978-1-4549-1770-0

Distributed in Canada by Sterling Publishing
c/o Canadian Manda Group, 664 Annette Street
Toronto, Ontario, Canada M6S 2C8
Distributed in the United Kingdom by GMC Distribution Services
Castle Place, 166 High Street, Lewes, East Sussex, England BN7 1XU
Distributed in Australia by Capricorn Link (Australia) Pty. Ltd.
P.O. Box 704, Windsor, NSW 2756, Australia

For information about custom editions, special sales, and premium
and corporate purchases, please contact Sterling Special Sales at
800-805-5489 or specialsales@sterlingpublishing.com.

Manufactured in China

4  6  8  10  9  7  5

www.sterlingpublishing.com

# JANUARY 1

MORNING

*Today I am looking forward to...*

_____

_____

_____

_____

_____

_____

_____

NIGHT

*I am happy I accomplished...*

_____

_____

_____

_____

_____

_____

# JANUARY 2

MORNING
*I will make it a good day by...*

_____

_____

_____

_____

_____

_____

_____

NIGHT
*Today I really enjoyed...*

_____

_____

_____

_____

_____

_____

_____

# JANUARY 3

MORNING

*I am determined to . . .*

_____

_____

_____

_____

_____

_____

_____

NIGHT

*Tonight I am grateful for . . .*

_____

_____

_____

_____

_____

_____

# JANUARY 4

MORNING

*Today I am looking forward to ...*

_____

_____

_____

_____

_____

_____

_____

NIGHT

*I am happy I accomplished ...*

_____

_____

_____

_____

_____

_____

# JANUARY 5

MORNING

*I will make it a good day by ...*

_____

_____

_____

_____

_____

_____

_____

NIGHT

*Today I really enjoyed ...*

_____

_____

_____

_____

_____

_____

# JANUARY 6

MORNING

*I am determined to . . .*

_____

_____

_____

_____

_____

_____

_____

NIGHT

*Tonight I am grateful for . . .*

_____

_____

_____

_____

_____

_____

_____

# JANUARY 7

MORNING

*Today I am looking forward to . . .*

_____

_____

_____

_____

_____

_____

_____

NIGHT

*I am happy I accomplished . . .*

_____

_____

_____

_____

_____

_____

# JANUARY 8

MORNING

*I will make it a good day by...*

_____

_____

_____

_____

_____

_____

_____

NIGHT

*Today I really enjoyed...*

_____

_____

_____

_____

_____

_____

# JANUARY 9

MORNING

*I am determined to . . .*

_____

_____

_____

_____

_____

_____

_____

NIGHT

*Tonight I am grateful for . . .*

_____

_____

_____

_____

_____

_____

# JANUARY 10

MORNING

*Today I am looking forward to . . .*

_____

_____

_____

_____

_____

_____

_____

NIGHT

*I am happy I accomplished . . .*

_____

_____

_____

_____

_____

_____

# JANUARY 11

MORNING

*I will make it a good day by . . .*

_____

_____

_____

_____

_____

_____

_____

NIGHT

*Today I really enjoyed . . .*

_____

_____

_____

_____

_____

_____

# JANUARY 12

MORNING
*I am determined to . . .*

_____

_____

_____

_____

_____

_____

_____

NIGHT
*Tonight I am grateful for . . .*

_____

_____

_____

_____

_____

_____

_____

# JANUARY 13

MORNING

*Today I am looking forward to...*

Organizing bedroom,
attending the Rays party.

NIGHT

*I am happy I accomplished...*

MORNING

*I will make it a good day by ...*

_____

_____

_____

_____

_____

_____

_____

NIGHT

*Today I really enjoyed ...*

_____

_____

_____

_____

_____

_____

# JANUARY 15

MORNING

*I am determined to . . .*

_____

_____

_____

_____

_____

_____

_____

NIGHT

*Tonight I am grateful for . . .*

_____

_____

_____

_____

_____

_____

MORNING
*Today I am looking forward to ...*

_____

_____

_____

_____

_____

_____

_____

NIGHT
*I am happy I accomplished ...*

_____

_____

_____

_____

_____

_____

# JANUARY 17

MORNING

*I will make it a good day by . . .*

_____

_____

_____

_____

_____

_____

_____

NIGHT

*Today I really enjoyed . . .*

_____

_____

_____

_____

_____

_____

_____

# JANUARY 18

MORNING

*I am determined to . . .*

_____

_____

_____

_____

_____

_____

_____

NIGHT

*Tonight I am grateful for . . .*

_____

_____

_____

_____

_____

_____

# JANUARY 19

MORNING

*Today I am looking forward to . . .*

_____

_____

_____

_____

_____

_____

_____

NIGHT

*I am happy I accomplished . . .*

_____

_____

_____

_____

_____

_____

# JANUARY 20

MORNING

*I will make it a good day by . . .*

_____

_____

_____

_____

_____

_____

_____

NIGHT

*Today I really enjoyed . . .*

_____

_____

_____

_____

_____

_____

# JANUARY 21

MORNING

*I am determined to . . .*

_____

_____

_____

_____

_____

_____

_____

NIGHT

*Tonight I am grateful for . . .*

_____

_____

_____

_____

_____

_____

# JANUARY 22

MORNING

*Today I am looking forward to . . .*

---

---

---

---

---

---

---

NIGHT

*I am happy I accomplished . . .*

---

---

---

---

---

---

---

# JANUARY 23

MORNING

*I will make it a good day by...*

_____

_____

_____

_____

_____

_____

_____

NIGHT

*Today I really enjoyed...*

_____

_____

_____

_____

_____

_____

_____

# JANUARY 24

MORNING

*I am determined to . . .*

_____

_____

_____

_____

_____

_____

_____

NIGHT

*Tonight I am grateful for . . .*

_____

_____

_____

_____

_____

_____

_____

# JANUARY 25

MORNING

*Today I am looking forward to . . .*

_____

_____

_____

_____

_____

_____

_____

NIGHT

*I am happy I accomplished . . .*

_____

_____

_____

_____

_____

_____

# JANUARY 26

MORNING
*I will make it a good day by...*

_____

_____

_____

_____

_____

_____

_____

NIGHT
*Today I really enjoyed...*

_____

_____

_____

_____

_____

_____

_____

# JANUARY 27

MORNING

*I am determined to ...*

_____

_____

_____

_____

_____

_____

_____

NIGHT

*Tonight I am grateful for ...*

_____

_____

_____

_____

_____

_____

_____

# JANUARY 28

MORNING
*Today I am looking forward to . . .*

_____

_____

_____

_____

_____

_____

_____

NIGHT
*I am happy I accomplished . . .*

_____

_____

_____

_____

_____

_____

# JANUARY 29

MORNING

*I will make it a good day by . . .*

_____

_____

_____

_____

_____

_____

_____

NIGHT

*Today I really enjoyed . . .*

_____

_____

_____

_____

_____

# JANUARY 30

MORNING

*I am determined to ...*

_____

_____

_____

_____

_____

_____

_____

NIGHT

*Tonight I am grateful for ...*

_____

_____

_____

_____

_____

_____

# JANUARY 31

MORNING

*Today I am looking forward to . . .*

_____

_____

_____

_____

_____

_____

_____

NIGHT

*I am happy I accomplished . . .*

_____

_____

_____

_____

_____

_____

# FEBRUARY 1

MORNING

*I will make it a good day by...*

_____

_____

_____

_____

_____

_____

_____

NIGHT

*Today I really enjoyed...*

_____

_____

_____

_____

_____

_____

_____

# FEBRUARY 2

MORNING

*I am determined to . . .*

---

---

---

---

---

---

---

<br>

NIGHT

*Tonight I am grateful for . . .*

---

---

---

---

---

---

# FEBRUARY 3

MORNING

*Today I am looking forward to . . .*

_____

_____

_____

_____

_____

_____

_____

_____

NIGHT

*I am happy I accomplished . . .*

_____

_____

_____

_____

_____

_____

_____

# FEBRUARY 4

MORNING

*I will make it a good day by . . .*

_____

_____

_____

_____

_____

_____

_____

NIGHT

*Today I really enjoyed . . .*

_____

_____

_____

_____

_____

_____

# FEBRUARY 5

MORNING
*I am determined to ...*

_____

_____

_____

_____

_____

_____

_____

||||||||||||||||||||||||||||||||||||||||||||||||||||||||||||||||||||||||||||||||||||||||||||||||||

NIGHT
*Tonight I am grateful for ...*

_____

_____

_____

_____

_____

_____

_____

# FEBRUARY 6

MORNING

*Today I am looking forward to...*

_____

_____

_____

_____

_____

_____

_____

NIGHT

*I am happy I accomplished...*

_____

_____

_____

_____

_____

_____

# FEBRUARY 7

MORNING

*I will make it a good day by . . .*

_____

_____

_____

_____

_____

_____

_____

NIGHT

*Today I really enjoyed . . .*

_____

_____

_____

_____

_____

_____

_____

# FEBRUARY 8

MORNING

*I am determined to . . .*

_____

_____

_____

_____

_____

_____

_____

NIGHT

*Tonight I am grateful for . . .*

_____

_____

_____

_____

_____

_____

_____

# FEBRUARY 9

MORNING

*Today I am looking forward to . . .*

_____

_____

_____

_____

_____

_____

_____

NIGHT

*I am happy I accomplished . . .*

_____

_____

_____

_____

_____

_____

_____

# FEBRUARY 10

MORNING
*I will make it a good day by . . .*

_____

_____

_____

_____

_____

_____

_____

NIGHT
*Today I really enjoyed . . .*

_____

_____

_____

_____

_____

# FEBRUARY 11

MORNING
*I am determined to . . .*

_____

_____

_____

_____

_____

_____

_____

NIGHT
*Tonight I am grateful for . . .*

_____

_____

_____

_____

_____

_____

_____

MORNING

*Today I am looking forward to...*

_____

_____

_____

_____

_____

_____

_____

NIGHT

*I am happy I accomplished...*

_____

_____

_____

_____

_____

_____

_____

# FEBRUARY 13

MORNING
*I will make it a good day by...*

_____

_____

_____

_____

_____

_____

_____

NIGHT
*Today I really enjoyed...*

_____

_____

_____

_____

_____

_____

_____

# FEBRUARY 14

MORNING

*I am determined to . . .*

_____

_____

_____

_____

_____

_____

_____

_____

NIGHT

*Tonight I am grateful for . . .*

_____

_____

_____

_____

_____

_____

# FEBRUARY 15

MORNING
*Today I am looking forward to . . .*

_____

_____

_____

_____

_____

_____

_____

NIGHT
*I am happy I accomplished . . .*

_____

_____

_____

_____

_____

_____

# FEBRUARY 16

MORNING

*I will make it a good day by...*

_____

_____

_____

_____

_____

_____

_____

NIGHT

*Today I really enjoyed...*

_____

_____

_____

_____

_____

_____

# FEBRUARY 17

MORNING

*I am determined to . . .*

_____

_____

_____

_____

_____

_____

_____

NIGHT

*Tonight I am grateful for . . .*

_____

_____

_____

_____

_____

_____

MORNING

*Today I am looking forward to...*

_____

_____

_____

_____

_____

_____

_____

NIGHT

*I am happy I accomplished...*

_____

_____

_____

_____

_____

_____

# FEBRUARY 19

MORNING
*I will make it a good day by . . .*

_____

_____

_____

_____

_____

_____

_____

NIGHT
*Today I really enjoyed . . .*

_____

_____

_____

_____

_____

_____

# FEBRUARY 20

MORNING

*I am determined to ...*

_____

_____

_____

_____

_____

_____

_____

NIGHT

*Tonight I am grateful for ...*

_____

_____

_____

_____

_____

_____

# FEBRUARY 21

MORNING
*Today I am looking forward to ...*

_____

_____

_____

_____

_____

_____

_____

NIGHT
*I am happy I accomplished ...*

_____

_____

_____

_____

_____

_____

_____

MORNING

*I will make it a good day by . . .*

_____

_____

_____

_____

_____

_____

_____

NIGHT

*Today I really enjoyed . . .*

_____

_____

_____

_____

_____

_____

# FEBRUARY 23

MORNING
*I am determined to . . .*

_____

_____

_____

_____

_____

_____

_____

|||||||||||||||||||||||||||||||||||||||||||||||||||||||||||||||||||||||||||||||||||||||||||||||||||||||||||||||||||||||||||||

NIGHT
*Tonight I am grateful for . . .*

_____

_____

_____

_____

_____

_____

# FEBRUARY 24

MORNING

*Today I am looking forward to . . .*

---

---

---

---

---

---

---

NIGHT

*I am happy I accomplished . . .*

---

---

---

---

---

---

# FEBRUARY 25

MORNING

*I will make it a good day by . . .*

_____

_____

_____

_____

_____

_____

_____

NIGHT

*Today I really enjoyed . . .*

_____

_____

_____

_____

_____

_____

MORNING

*I am determined to ...*

_____

_____

_____

_____

_____

_____

_____

NIGHT

*Tonight I am grateful for ...*

_____

_____

_____

_____

_____

_____

# FEBRUARY 27

MORNING
*Today I am looking forward to ...*

_____

_____

_____

_____

_____

_____

_____

NIGHT
*I am happy I accomplished ...*

_____

_____

_____

_____

_____

_____

# FEBRUARY 28

MORNING

*I will make it a good day by . . .*

_____

_____

_____

_____

_____

_____

_____

NIGHT

*Today I really enjoyed . . .*

_____

_____

_____

_____

_____

_____

# FEBRUARY 29

MORNING
*I am determined to . . .*

_____

_____

_____

_____

_____

_____

_____

||||||||||||||||||||||||||||||||||||||||||||||||||||||||||||||||||||||||||||||||||||||||||||||||||||||||||||||||||||||||||||||||

NIGHT
*Tonight I am grateful for . . .*

_____

_____

_____

_____

_____

_____

_____

# MARCH 1

MORNING

*Today I am looking forward to . . .*

_____

_____

_____

_____

_____

_____

_____

NIGHT

*I am happy I accomplished . . .*

_____

_____

_____

_____

_____

_____

# MARCH 2

MORNING

*I will make it a good day by...*

_____

_____

_____

_____

_____

_____

_____

NIGHT

*Today I really enjoyed...*

_____

_____

_____

_____

_____

_____

_____

# MARCH 3

MORNING

*I am determined to . . .*

\
\
\
\
\
\
\

NIGHT

*Tonight I am grateful for . . .*

\
\
\
\
\
\

# MARCH 4

MORNING
*Today I am looking forward to . . .*

_____

_____

_____

_____

_____

_____

_____

NIGHT
*I am happy I accomplished . . .*

_____

_____

_____

_____

_____

_____

# MARCH 5

MORNING
*I will make it a good day by . . .*

_____

_____

_____

_____

_____

_____

_____

NIGHT
*Today I really enjoyed . . .*

_____

_____

_____

_____

_____

_____

_____

# MARCH 6

MORNING

*I am determined to . . .*

_____

_____

_____

_____

_____

_____

_____

NIGHT

*Tonight I am grateful for . . .*

_____

_____

_____

_____

_____

_____

# MARCH 7

MORNING
*Today I am looking forward to . . .*

_____

_____

_____

_____

_____

_____

_____

NIGHT
*I am happy I accomplished . . .*

_____

_____

_____

_____

_____

_____

# MARCH 8

MORNING

*I will make it a good day by...*

_____

_____

_____

_____

_____

_____

_____

NIGHT

*Today I really enjoyed...*

_____

_____

_____

_____

_____

_____

_____

# MARCH 9

MORNING

*I am determined to . . .*

_____

_____

_____

_____

_____

_____

_____

NIGHT

*Tonight I am grateful for . . .*

_____

_____

_____

_____

_____

_____

# MARCH 10

MORNING
*Today I am looking forward to . . .*

_____

_____

_____

_____

_____

_____

_____

NIGHT
*I am happy I accomplished . . .*

_____

_____

_____

_____

_____

_____

_____

# MARCH 11

MORNING

*I will make it a good day by . . .*

_____

_____

_____

_____

_____

_____

_____

NIGHT

*Today I really enjoyed . . .*

_____

_____

_____

_____

_____

_____

# MARCH 12

MORNING

*I am determined to . . .*

_____

_____

_____

_____

_____

_____

_____

NIGHT

*Tonight I am grateful for . . .*

_____

_____

_____

_____

_____

_____

# MARCH 13

MORNING

*Today I am looking forward to...*

_____

_____

_____

_____

_____

_____

_____

NIGHT

*I am happy I accomplished...*

_____

_____

_____

_____

_____

# MARCH 14

MORNING

*I will make it a good day by . . .*

_____

_____

_____

_____

_____

_____

_____

NIGHT

*Today I really enjoyed . . .*

_____

_____

_____

_____

_____

_____

_____

# MARCH 15

MORNING

*I am determined to...*

_____

_____

_____

_____

_____

_____

_____

NIGHT

*Tonight I am grateful for...*

_____

_____

_____

_____

_____

_____

# MARCH 16

MORNING
*Today I am looking forward to ...*

_____

_____

_____

_____

_____

_____

NIGHT
*I am happy I accomplished ...*

_____

_____

_____

_____

_____

_____

# MARCH 17

MORNING
*I will make it a good day by . . .*

_____

_____

_____

_____

_____

_____

_____

NIGHT
*Today I really enjoyed . . .*

_____

_____

_____

_____

_____

_____

# MARCH 18

MORNING

*I am determined to . . .*

_____

_____

_____

_____

_____

_____

NIGHT

*Tonight I am grateful for . . .*

_____

_____

_____

_____

_____

_____

_____

# MARCH 19

MORNING
*Today I am looking forward to . . .*

_____

_____

_____

_____

_____

_____

_____

NIGHT
*I am happy I accomplished . . .*

_____

_____

_____

_____

_____

_____

# MARCH 20

MORNING

*I will make it a good day by ...*

_____

_____

_____

_____

_____

_____

_____

NIGHT

*Today I really enjoyed ...*

_____

_____

_____

_____

_____

_____

# MARCH 21

MORNING
*I am determined to . . .*

_____

_____

_____

_____

_____

_____

_____

NIGHT
*Tonight I am grateful for . . .*

_____

_____

_____

_____

_____

_____

# MARCH 22

MORNING

*Today I am looking forward to . . .*

_____

_____

_____

_____

_____

_____

_____

NIGHT

*I am happy I accomplished . . .*

_____

_____

_____

_____

_____

_____

# MARCH 23

MORNING

*I will make it a good day by . . .*

_____

_____

_____

_____

_____

_____

_____

NIGHT

*Today I really enjoyed . . .*

_____

_____

_____

_____

_____

# MARCH 24

MORNING
*I am determined to . . .*

_____

_____

_____

_____

_____

_____

_____

NIGHT
*Tonight I am grateful for . . .*

_____

_____

_____

_____

_____

_____

_____

# MARCH 25

MORNING

*Today I am looking forward to . . .*

_____

_____

_____

_____

_____

_____

_____

NIGHT

*I am happy I accomplished . . .*

_____

_____

_____

_____

_____

_____

# MARCH 26

MORNING

*I will make it a good day by . . .*

_____

_____

_____

_____

_____

_____

_____

NIGHT

*Today I really enjoyed . . .*

_____

_____

_____

_____

_____

_____

_____

# MARCH 27

MORNING

*I am determined to . . .*

_____

_____

_____

_____

_____

_____

_____

NIGHT

*Tonight I am grateful for . . .*

_____

_____

_____

_____

_____

# MARCH 28

MORNING

*Today I am looking forward to ...*

_____

_____

_____

_____

_____

_____

NIGHT

*I am happy I accomplished ...*

_____

_____

_____

_____

_____

_____

# MARCH 29

MORNING

*I will make it a good day by . . .*

_____

_____

_____

_____

_____

_____

_____

NIGHT

*Today I really enjoyed . . .*

_____

_____

_____

_____

_____

# MARCH 30

MORNING
*I am determined to ...*

_____

_____

_____

_____

_____

_____

_____

NIGHT
*Tonight I am grateful for ...*

_____

_____

_____

_____

_____

_____

_____

# MARCH 31

MORNING
*Today I am looking forward to . . .*

_____

_____

_____

_____

_____

_____

_____

NIGHT
*I am happy I accomplished . . .*

_____

_____

_____

_____

_____

_____

# APRIL 1

MORNING
*I will make it a good day by ...*

_____

_____

_____

_____

_____

_____

_____

NIGHT
*Today I really enjoyed ...*

_____

_____

_____

_____

_____

_____

_____

# APRIL 2

MORNING

*I am determined to . . .*

_____

_____

_____

_____

_____

_____

_____

NIGHT

*Tonight I am grateful for . . .*

_____

_____

_____

_____

_____

_____

# APRIL 3

MORNING
*Today I am looking forward to ...*

_____

_____

_____

_____

_____

_____

_____

NIGHT
*I am happy I accomplished ...*

_____

_____

_____

_____

_____

_____

_____

# APRIL 4

MORNING

*I will make it a good day by . . .*

_____

_____

_____

_____

_____

_____

_____

NIGHT

*Today I really enjoyed . . .*

_____

_____

_____

_____

_____

_____

# APRIL 5

MORNING
*I am determined to . . .*

_____

_____

_____

_____

_____

_____

_____

NIGHT
*Tonight I am grateful for . . .*

_____

_____

_____

_____

_____

_____

# APRIL 6

MORNING

*Today I am looking forward to...*

_____

_____

_____

_____

_____

_____

_____

NIGHT

*I am happy I accomplished...*

_____

_____

_____

_____

_____

_____

# APRIL 7

MORNING

*I will make it a good day by ...*

_____

_____

_____

_____

_____

_____

_____

NIGHT

*Today I really enjoyed ...*

_____

_____

_____

_____

_____

_____

# APRIL 8

MORNING

*I am determined to ...*

_____

_____

_____

_____

_____

_____

_____

NIGHT

*Tonight I am grateful for ...*

_____

_____

_____

_____

_____

_____

# APRIL 9

MORNING

*Today I am looking forward to ...*

_____

_____

_____

_____

_____

_____

_____

NIGHT

*I am happy I accomplished ...*

_____

_____

_____

_____

_____

_____

# APRIL 10

MORNING

*I will make it a good day by . . .*

_____

_____

_____

_____

_____

_____

_____

NIGHT

*Today I really enjoyed . . .*

_____

_____

_____

_____

_____

# APRIL 11

MORNING
*I am determined to . . .*

_____

_____

_____

_____

_____

_____

_____

NIGHT
*Tonight I am grateful for . . .*

_____

_____

_____

_____

_____

_____

_____

# APRIL 12

MORNING
*Today I am looking forward to . . .*

_____

_____

_____

_____

_____

_____

_____

NIGHT
*I am happy I accomplished . . .*

_____

_____

_____

_____

_____

_____

# APRIL 13

MORNING
*I will make it a good day by . . .*

_____

_____

_____

_____

_____

_____

_____

NIGHT
*Today I really enjoyed . . .*

_____

_____

_____

_____

_____

_____

_____

# APRIL 14

MORNING

*I am determined to . . .*

_____

_____

_____

_____

_____

_____

_____

NIGHT

*Tonight I am grateful for . . .*

_____

_____

_____

_____

_____

_____

# APRIL 15

MORNING
*Today I am looking forward to ...*

_____

_____

_____

_____

_____

_____

_____

NIGHT
*I am happy I accomplished ...*

_____

_____

_____

_____

_____

_____

_____

# APRIL 16

MORNING

*I will make it a good day by . . .*

_____

_____

_____

_____

_____

_____

_____

NIGHT

*Today I really enjoyed . . .*

_____

_____

_____

_____

_____

_____

# APRIL 17

MORNING
*I am determined to . . .*

_____

_____

_____

_____

_____

_____

_____

NIGHT
*Tonight I am grateful for . . .*

_____

_____

_____

_____

_____

_____

_____

# APRIL 18

MORNING

*Today I am looking forward to...*

_____

_____

_____

_____

_____

_____

_____

NIGHT

*I am happy I accomplished...*

_____

_____

_____

_____

_____

_____

# APRIL 19

MORNING
*I will make it a good day by...*

_____

_____

_____

_____

_____

_____

_____

NIGHT
*Today I really enjoyed...*

_____

_____

_____

_____

_____

_____

_____

# APRIL 20

MORNING

*I am determined to . . .*

_____

_____

_____

_____

_____

_____

_____

NIGHT

*Tonight I am grateful for . . .*

_____

_____

_____

_____

_____

_____

# APRIL 21

MORNING
*Today I am looking forward to ...*

_____

_____

_____

_____

_____

_____

_____

NIGHT
*I am happy I accomplished ...*

_____

_____

_____

_____

_____

_____

_____

# APRIL 22

MORNING
*I will make it a good day by . . .*

_____

_____

_____

_____

_____

_____

_____

NIGHT
*Today I really enjoyed . . .*

_____

_____

_____

_____

_____

_____

# APRIL 23

MORNING

*I am determined to . . .*

_____

_____

_____

_____

_____

_____

_____

NIGHT

*Tonight I am grateful for . . .*

_____

_____

_____

_____

_____

_____

_____

# APRIL 24

MORNING
*Today I am looking forward to . . .*

_____

_____

_____

_____

_____

_____

_____

NIGHT
*I am happy I accomplished . . .*

_____

_____

_____

_____

_____

_____

# APRIL 25

MORNING

*I will make it a good day by...*

_____

_____

_____

_____

_____

_____

_____

NIGHT

*Today I really enjoyed...*

_____

_____

_____

_____

_____

_____

# APRIL 26

MORNING

*I am determined to . . .*

_____

_____

_____

_____

_____

_____

_____

NIGHT

*Tonight I am grateful for . . .*

_____

_____

_____

_____

_____

_____

# APRIL 27

MORNING
*Today I am looking forward to . . .*

NIGHT
*I am happy I accomplished . . .*

# APRIL 28

MORNING

*I will make it a good day by ...*

_____

_____

_____

_____

_____

_____

_____

NIGHT

*Today I really enjoyed ...*

_____

_____

_____

_____

_____

_____

# APRIL 29

MORNING

*I am determined to . . .*

_____

_____

_____

_____

_____

_____

_____

NIGHT

*Tonight I am grateful for . . .*

_____

_____

_____

_____

_____

_____

# APRIL 30

MORNING

*Today I am looking forward to . . .*

_____

_____

_____

_____

_____

_____

_____

NIGHT

*I am happy I accomplished . . .*

_____

_____

_____

_____

_____

_____

# MAY 1

MORNING
*I will make it a good day by . . .*

_____

_____

_____

_____

_____

_____

_____

NIGHT
*Today I really enjoyed . . .*

_____

_____

_____

_____

_____

_____

_____

# MAY 2

MORNING

*I am determined to . . .*

_____

_____

_____

_____

_____

_____

_____

NIGHT

*Tonight I am grateful for . . .*

_____

_____

_____

_____

_____

_____

MORNING

*Today I am looking forward to ...*

_____

_____

_____

_____

_____

_____

_____

NIGHT

*I am happy I accomplished ...*

_____

_____

_____

_____

_____

_____

_____

# MAY 4

MORNING

*I will make it a good day by...*

_____

_____

_____

_____

_____

_____

_____

NIGHT

*Today I really enjoyed...*

_____

_____

_____

_____

_____

_____

# MAY 5

MORNING
*I am determined to ...*

_____
_____
_____
_____
_____
_____
_____

NIGHT
*Tonight I am grateful for ...*

_____
_____
_____
_____
_____
_____
_____

# MAY 6

MORNING
*Today I am looking forward to...*

_____

_____

_____

_____

_____

_____

_____

NIGHT
*I am happy I accomplished...*

_____

_____

_____

_____

_____

_____

# MAY 7

MORNING

*I will make it a good day by ...*

_____

_____

_____

_____

_____

_____

_____

NIGHT

*Today I really enjoyed ...*

_____

_____

_____

_____

_____

_____

# MAY 8

MORNING

*I am determined to . . .*

_____

_____

_____

_____

_____

_____

_____

NIGHT

*Tonight I am grateful for . . .*

_____

_____

_____

_____

_____

_____

# MAY 9

MORNING
*Today I am looking forward to . . .*

_____

_____

_____

_____

_____

_____

_____

NIGHT
*I am happy I accomplished . . .*

_____

_____

_____

_____

_____

_____

# MAY 10

MORNING

*I will make it a good day by ...*

_____

_____

_____

_____

_____

_____

_____

NIGHT

*Today I really enjoyed ...*

_____

_____

_____

_____

_____

# MAY 11

MORNING

*I am determined to . . .*

_____

_____

_____

_____

_____

_____

_____

NIGHT

*Tonight I am grateful for . . .*

_____

_____

_____

_____

_____

_____

# MAY 12

MORNING

*Today I am looking forward to...*

_____

_____

_____

_____

_____

_____

_____

NIGHT

*I am happy I accomplished...*

_____

_____

_____

_____

_____

_____

# MAY 13

MORNING

*I will make it a good day by . . .*

_____

_____

_____

_____

_____

_____

_____

NIGHT

*Today I really enjoyed . . .*

_____

_____

_____

_____

_____

_____

_____

# MAY 14

MORNING
*I am determined to ...*

_____

_____

_____

_____

_____

_____

_____

NIGHT
*Tonight I am grateful for ...*

_____

_____

_____

_____

_____

_____

# MAY 15

MORNING
*Today I am looking forward to . . .*

_____

_____

_____

_____

_____

_____

_____

NIGHT
*I am happy I accomplished . . .*

_____

_____

_____

_____

_____

_____

# MAY 16

MORNING

*I will make it a good day by...*

_____

_____

_____

_____

_____

_____

_____

NIGHT

*Today I really enjoyed...*

_____

_____

_____

_____

_____

_____

# MAY 17

MORNING

*I am determined to . . .*

_____

_____

_____

_____

_____

_____

_____

NIGHT

*Tonight I am grateful for . . .*

_____

_____

_____

_____

_____

_____

# MAY 18

MORNING
*Today I am looking forward to . . .*

_____

_____

_____

_____

_____

_____

_____

NIGHT
*I am happy I accomplished . . .*

_____

_____

_____

_____

_____

_____

# MAY 19

MORNING
*I will make it a good day by...*

_____

_____

_____

_____

_____

_____

NIGHT
*Today I really enjoyed...*

_____

_____

_____

_____

_____

_____

MORNING

*I am determined to . . .*

_____

_____

_____

_____

_____

_____

NIGHT

*Tonight I am grateful for . . .*

_____

_____

_____

_____

_____

## MAY 21

MORNING
*Today I am looking forward to...*

_____

_____

_____

_____

_____

_____

_____

NIGHT
*I am happy I accomplished...*

_____

_____

_____

_____

_____

_____

_____

## MAY 22

MORNING

*I will make it a good day by . . .*

_____

_____

_____

_____

_____

_____

_____

NIGHT

*Today I really enjoyed . . .*

_____

_____

_____

_____

_____

_____

# MAY 23

MORNING

*I am determined to ...*

_____

_____

_____

_____

_____

_____

_____

NIGHT

*Tonight I am grateful for ...*

_____

_____

_____

_____

_____

_____

_____

# MAY 24

MORNING

*Today I am looking forward to . . .*

_____

_____

_____

_____

_____

_____

_____

NIGHT

*I am happy I accomplished . . .*

_____

_____

_____

_____

_____

_____

## MAY 25

MORNING

*I will make it a good day by . . .*

_____

_____

_____

_____

_____

_____

_____

NIGHT

*Today I really enjoyed . . .*

_____

_____

_____

_____

_____

_____

# MAY 26

MORNING

*I am determined to . . .*

_____

_____

_____

_____

_____

_____

_____

NIGHT

*Tonight I am grateful for . . .*

_____

_____

_____

_____

_____

_____

## MAY 27

MORNING
*Today I am looking forward to . . .*

_____

_____

_____

_____

_____

_____

_____

NIGHT
*I am happy I accomplished . . .*

_____

_____

_____

_____

_____

_____

# MAY 28

MORNING

*I will make it a good day by . . .*

_____

_____

_____

_____

_____

_____

_____

NIGHT

*Today I really enjoyed . . .*

_____

_____

_____

_____

_____

_____

## MAY 29

MORNING
*I am determined to . . .*

_____

_____

_____

_____

_____

_____

_____

NIGHT
*Tonight I am grateful for . . .*

_____

_____

_____

_____

_____

_____

_____

# MAY 30

MORNING

*Today I am looking forward to . . .*

_____

_____

_____

_____

_____

_____

_____

NIGHT

*I am happy I accomplished . . .*

_____

_____

_____

_____

_____

# MAY 31

MORNING
*I will make it a good day by...*

_____

_____

_____

_____

_____

_____

_____

NIGHT
*Today I really enjoyed...*

_____

_____

_____

_____

_____

_____

# JUNE 1

MORNING

*I am determined to . . .*

_____

_____

_____

_____

_____

_____

_____

NIGHT

*Tonight I am grateful for . . .*

_____

_____

_____

_____

_____

_____

# JUNE 2

MORNING

*Today I am looking forward to . . .*

_____

_____

_____

_____

_____

_____

_____

NIGHT

*I am happy I accomplished . . .*

_____

_____

_____

_____

_____

_____

## JUNE 3

MORNING

*I will make it a good day by ...*

_____

_____

_____

_____

_____

_____

_____

NIGHT

*Today I really enjoyed ...*

_____

_____

_____

_____

_____

# JUNE 4

MORNING

*I am determined to ...*

_____

_____

_____

_____

_____

_____

_____

NIGHT

*Tonight I am grateful for ...*

_____

_____

_____

_____

_____

_____

# JUNE 5

MORNING

*Today I am looking forward to . . .*

_____

_____

_____

_____

_____

_____

_____

NIGHT

*I am happy I accomplished . . .*

_____

_____

_____

_____

_____

MORNING
*I will make it a good day by . . .*

_____

_____

_____

_____

_____

_____

_____

NIGHT
*Today I really enjoyed . . .*

_____

_____

_____

_____

_____

_____

_____

# JUNE 7

MORNING

*I am determined to . . .*

_____

_____

_____

_____

_____

_____

_____

NIGHT

*Tonight I am grateful for . . .*

_____

_____

_____

_____

_____

_____

# JUNE 8

MORNING

*Today I am looking forward to . . .*

_____

_____

_____

_____

_____

_____

_____

NIGHT

*I am happy I accomplished . . .*

_____

_____

_____

_____

_____

_____

# JUNE 9

MORNING

*I will make it a good day by . . .*

_____

_____

_____

_____

_____

_____

_____

NIGHT

*Today I really enjoyed . . .*

_____

_____

_____

_____

_____

_____

# JUNE 10

MORNING

*I am determined to . . .*

_____

_____

_____

_____

_____

_____

_____

NIGHT

*Tonight I am grateful for . . .*

_____

_____

_____

_____

_____

_____

_____

# JUNE 11

MORNING

*Today I am looking forward to ...*

_____

_____

_____

_____

_____

_____

_____

NIGHT

*I am happy I accomplished ...*

_____

_____

_____

_____

_____

_____

# JUNE 12

MORNING

*I will make it a good day by . . .*

_____

_____

_____

_____

_____

_____

_____

NIGHT

*Today I really enjoyed . . .*

_____

_____

_____

_____

_____

_____

_____

# JUNE 13

MORNING

*I am determined to . . .*

_____

_____

_____

_____

_____

_____

_____

NIGHT

*Tonight I am grateful for . . .*

_____

_____

_____

_____

_____

# JUNE 14

MORNING

*Today I am looking forward to . . .*

_____

_____

_____

_____

_____

_____

_____

|||||||||||||||||||||||||||||||||||||||||||||||||||||||||||||||||||||||||||||||||||||||||||||||||||||||||||||||||||||||||||||||||||

NIGHT

*I am happy I accomplished . . .*

_____

_____

_____

_____

_____

_____

_____

# JUNE 15

MORNING

*I will make it a good day by...*

_____

_____

_____

_____

_____

_____

_____

NIGHT

*Today I really enjoyed...*

_____

_____

_____

_____

_____

_____

# JUNE 16

MORNING
*I am determined to ...*

_____

_____

_____

_____

_____

_____

_____

NIGHT
*Tonight I am grateful for ...*

_____

_____

_____

_____

_____

_____

# JUNE 17

MORNING

*Today I am looking forward to . . .*

_____

_____

_____

_____

_____

_____

_____

NIGHT

*I am happy I accomplished . . .*

_____

_____

_____

_____

_____

_____

# JUNE 18

MORNING

*I will make it a good day by...*

_____

_____

_____

_____

_____

_____

_____

NIGHT

*Today I really enjoyed...*

_____

_____

_____

_____

_____

_____

_____

MORNING

*I am determined to . . .*

_____

_____

_____

_____

_____

_____

_____

NIGHT

*Tonight I am grateful for . . .*

_____

_____

_____

_____

_____

_____

## JUNE 20

MORNING
*Today I am looking forward to . . .*

_____

_____

_____

_____

_____

_____

_____

NIGHT
*I am happy I accomplished . . .*

_____

_____

_____

_____

_____

_____

# JUNE 21

MORNING

*I will make it a good day by . . .*

---

---

---

---

---

---

---

NIGHT

*Today I really enjoyed . . .*

---

---

---

---

---

---

# JUNE 22

MORNING

*I am determined to . . .*

_____

_____

_____

_____

_____

_____

_____

NIGHT

*Tonight I am grateful for . . .*

_____

_____

_____

_____

_____

_____

_____

# JUNE 23

MORNING

*Today I am looking forward to . . .*

_____

_____

_____

_____

_____

_____

_____

NIGHT

*I am happy I accomplished . . .*

_____

_____

_____

_____

_____

_____

# JUNE 24

MORNING
*I will make it a good day by . . .*

_____

_____

_____

_____

_____

_____

_____

NIGHT
*Today I really enjoyed . . .*

_____

_____

_____

_____

_____

_____

_____

# JUNE 25

MORNING

*I am determined to ...*

_____

_____

_____

_____

_____

_____

_____

NIGHT

*Tonight I am grateful for ...*

_____

_____

_____

_____

_____

_____

# JUNE 26

MORNING

*Today I am looking forward to...*

_____

_____

_____

_____

_____

_____

_____

NIGHT

*I am happy I accomplished...*

_____

_____

_____

_____

_____

_____

_____

# JUNE 27

MORNING

*I will make it a good day by . . .*

_____

_____

_____

_____

_____

_____

_____

NIGHT

*Today I really enjoyed . . .*

_____

_____

_____

_____

_____

_____

# JUNE 28

MORNING
*I am determined to . . .*

_____

_____

_____

_____

_____

_____

_____

NIGHT
*Tonight I am grateful for . . .*

_____

_____

_____

_____

_____

_____

_____

# JUNE 29

MORNING

*Today I am looking forward to . . .*

_____

_____

_____

_____

_____

_____

_____

NIGHT

*I am happy I accomplished . . .*

_____

_____

_____

_____

_____

_____

# JUNE 30

MORNING

*I will make it a good day by . . .*

_____

_____

_____

_____

_____

_____

_____

NIGHT

*Today I really enjoyed . . .*

_____

_____

_____

_____

_____

_____

_____

# JULY 1

MORNING

*I am determined to . . .*

_____

_____

_____

_____

_____

_____

_____

NIGHT

*Tonight I am grateful for . . .*

_____

_____

_____

_____

_____

_____

# JULY 2

MORNING
*Today I am looking forward to ...*

_____

_____

_____

_____

_____

_____

_____

NIGHT
*I am happy I accomplished ...*

_____

_____

_____

_____

_____

_____

_____

# JULY 3

MORNING

*I will make it a good day by...*

_____

_____

_____

_____

_____

_____

_____

NIGHT

*Today I really enjoyed...*

_____

_____

_____

_____

_____

_____

# JULY 4

MORNING

*I am determined to . . .*

_____

_____

_____

_____

_____

_____

_____

NIGHT

*Tonight I am grateful for . . .*

_____

_____

_____

_____

_____

_____

_____

# JULY 5

MORNING
*Today I am looking forward to . . .*

_____

_____

_____

_____

_____

_____

_____

NIGHT
*I am happy I accomplished . . .*

_____

_____

_____

_____

_____

_____

_____

# JULY 6

MORNING

*I will make it a good day by...*

_____

_____

_____

_____

_____

_____

NIGHT

*Today I really enjoyed...*

_____

_____

_____

_____

_____

_____

# JULY 7

MORNING

*I am determined to . . .*

_____

_____

_____

_____

_____

_____

_____

NIGHT

*Tonight I am grateful for . . .*

_____

_____

_____

_____

_____

_____

# JULY 8

MORNING

*Today I am looking forward to ...*

_____

_____

_____

_____

_____

_____

_____

NIGHT

*I am happy I accomplished ...*

_____

_____

_____

_____

_____

_____

_____

## JULY 9

MORNING

*I will make it a good day by . . .*

_____

_____

_____

_____

_____

_____

NIGHT

*Today I really enjoyed . . .*

_____

_____

_____

_____

_____

# JULY 10

MORNING

*I am determined to . . .*

_____

_____

_____

_____

_____

_____

_____

NIGHT

*Tonight I am grateful for . . .*

_____

_____

_____

_____

_____

_____

# JULY 11

MORNING

*Today I am looking forward to...*

_____

_____

_____

_____

_____

_____

_____

NIGHT

*I am happy I accomplished...*

_____

_____

_____

_____

_____

_____

# JULY 12

MORNING

*I will make it a good day by...*

_____

_____

_____

_____

_____

_____

_____

NIGHT

*Today I really enjoyed...*

_____

_____

_____

_____

_____

_____

_____

# JULY 13

MORNING

*I am determined to . . .*

_____

_____

_____

_____

_____

_____

_____

NIGHT

*Tonight I am grateful for . . .*

_____

_____

_____

_____

_____

_____

_____

# JULY 14

MORNING

*Today I am looking forward to ...*

_____

_____

_____

_____

_____

_____

_____

NIGHT

*I am happy I accomplished ...*

_____

_____

_____

_____

_____

_____

_____

# JULY 15

*I will make it a good day by . . .*

_____

_____

_____

_____

_____

_____

_____

NIGHT

*Today I really enjoyed . . .*

_____

_____

_____

_____

_____

_____

# JULY 16

MORNING

*I am determined to . . .*

_____

_____

_____

_____

_____

_____

_____

NIGHT

*Tonight I am grateful for . . .*

_____

_____

_____

_____

_____

_____

_____

# JULY 17

MORNING

*Today I am looking forward to . . .*

---

---

---

---

---

---

---

NIGHT

*I am happy I accomplished . . .*

---

---

---

---

---

---

# JULY 18

MORNING

*I will make it a good day by . . .*

_____

_____

_____

_____

_____

_____

_____

NIGHT

*Today I really enjoyed . . .*

_____

_____

_____

_____

_____

_____

_____

# JULY 19

MORNING

*I am determined to . . .*

NIGHT

*Tonight I am grateful for . . .*

# JULY 20

MORNING

*Today I am looking forward to . . .*

_____

_____

_____

_____

_____

_____

_____

NIGHT

*I am happy I accomplished . . .*

_____

_____

_____

_____

_____

_____

_____

# JULY 21

MORNING

*I will make it a good day by...*

_____

_____

_____

_____

_____

_____

_____

NIGHT

*Today I really enjoyed...*

_____

_____

_____

_____

_____

_____

_____

## JULY 22

MORNING
*I am determined to . . .*

_____

_____

_____

_____

_____

_____

_____

NIGHT
*Tonight I am grateful for . . .*

_____

_____

_____

_____

_____

_____

MORNING

*Today I am looking forward to...*

_____

_____

_____

_____

_____

_____

_____

NIGHT

*I am happy I accomplished...*

_____

_____

_____

_____

_____

_____

## JULY 24

MORNING

*I will make it a good day by . . .*

_____

_____

_____

_____

_____

_____

_____

NIGHT

*Today I really enjoyed . . .*

_____

_____

_____

_____

_____

_____

# JULY 25

MORNING

*I am determined to . . .*

_____

_____

_____

_____

_____

_____

_____

NIGHT

*Tonight I am grateful for . . .*

_____

_____

_____

_____

_____

_____

## JULY 26

MORNING

*Today I am looking forward to . . .*

_____

_____

_____

_____

_____

_____

_____

NIGHT

*I am happy I accomplished . . .*

_____

_____

_____

_____

_____

_____

_____

# JULY 27

MORNING

*I will make it a good day by...*

---

---

---

---

---

---

---

NIGHT

*Today I really enjoyed...*

---

---

---

---

---

---

---

# JULY 28

MORNING

*I am determined to ...*

_____

_____

_____

_____

_____

_____

_____

NIGHT

*Tonight I am grateful for ...*

_____

_____

_____

_____

_____

_____

# JULY 29

MORNING

*Today I am looking forward to . . .*

_____

_____

_____

_____

_____

_____

_____

NIGHT

*I am happy I accomplished . . .*

_____

_____

_____

_____

_____

_____

# JULY 30

MORNING

*I will make it a good day by . . .*

_____

_____

_____

_____

_____

_____

_____

NIGHT

*Today I really enjoyed . . .*

_____

_____

_____

_____

_____

_____

_____

# JULY 31

MORNING

*I am determined to . . .*

_____

_____

_____

_____

_____

_____

_____

NIGHT

*Tonight I am grateful for . . .*

_____

_____

_____

_____

_____

_____

# AUGUST 1

MORNING
*Today I am looking forward to . . .*

_____

_____

_____

_____

_____

_____

_____

NIGHT
*I am happy I accomplished . . .*

_____

_____

_____

_____

_____

_____

# AUGUST 2

MORNING

*I will make it a good day by ...*

_____

_____

_____

_____

_____

_____

_____

||||||||||||||||||||||||||||||||||||||||||||||||||||||||||||||||||||||||||||||||||||||||||||||||||||||||||||||||||||||||||||

NIGHT

*Today I really enjoyed ...*

_____

_____

_____

_____

_____

_____

# AUGUST 3

MORNING

*I am determined to . . .*

_____

_____

_____

_____

_____

_____

_____

NIGHT

*Tonight I am grateful for . . .*

_____

_____

_____

_____

_____

_____

_____

# AUGUST 4

MORNING
*Today I am looking forward to . . .*

_____

_____

_____

_____

_____

_____

_____

NIGHT
*I am happy I accomplished . . .*

_____

_____

_____

_____

_____

_____

# AUGUST 5

MORNING

*I will make it a good day by...*

_____

_____

_____

_____

_____

_____

_____

NIGHT

*Today I really enjoyed...*

_____

_____

_____

_____

_____

_____

_____

# AUGUST 6

MORNING

*I am determined to . . .*

_____

_____

_____

_____

_____

_____

_____

NIGHT

*Tonight I am grateful for . . .*

_____

_____

_____

_____

_____

_____

# AUGUST 7

MORNING
*Today I am looking forward to . . .*

_____

_____

_____

_____

_____

_____

_____

NIGHT
*I am happy I accomplished . . .*

_____

_____

_____

_____

_____

_____

_____

# AUGUST 8

MORNING

*I will make it a good day by . . .*

_____

_____

_____

_____

_____

_____

_____

NIGHT

*Today I really enjoyed . . .*

_____

_____

_____

_____

_____

_____

# AUGUST 9

MORNING
*I am determined to ...*

_____

_____

_____

_____

_____

_____

_____

NIGHT
*Tonight I am grateful for ...*

_____

_____

_____

_____

_____

_____

# AUGUST 10

MORNING

*Today I am looking forward to...*

_____

_____

_____

_____

_____

_____

_____

NIGHT

*I am happy I accomplished...*

_____

_____

_____

_____

_____

_____

# AUGUST 11

MORNING

*I will make it a good day by . . .*

_____

_____

_____

_____

_____

_____

_____

NIGHT

*Today I really enjoyed . . .*

_____

_____

_____

_____

_____

_____

_____

# AUGUST 12

MORNING

*I am determined to . . .*

_____

_____

_____

_____

_____

_____

_____

NIGHT

*Tonight I am grateful for . . .*

_____

_____

_____

_____

_____

_____

# AUGUST 13

MORNING

*Today I am looking forward to . . .*

_____

_____

_____

_____

_____

_____

_____

NIGHT

*I am happy I accomplished . . .*

_____

_____

_____

_____

_____

_____

# AUGUST 14

MORNING

*I will make it a good day by . . .*

_____

_____

_____

_____

_____

_____

NIGHT

*Today I really enjoyed . . .*

_____

_____

_____

_____

_____

_____

# AUGUST 15

MORNING

*I am determined to ...*

_____

_____

_____

_____

_____

_____

_____

NIGHT

*Tonight I am grateful for ...*

_____

_____

_____

_____

_____

_____

_____

MORNING

*Today I am looking forward to ...*

_____

_____

_____

_____

_____

_____

_____

NIGHT

*I am happy I accomplished ...*

_____

_____

_____

_____

_____

_____

# AUGUST 17

MORNING

*I will make it a good day by . . .*

_____

_____

_____

_____

_____

_____

_____

NIGHT

*Today I really enjoyed . . .*

_____

_____

_____

_____

_____

_____

_____

# AUGUST 18

MORNING

*I am determined to . . .*

_____

_____

_____

_____

_____

_____

_____

NIGHT

*Tonight I am grateful for . . .*

_____

_____

_____

_____

_____

_____

_____

# AUGUST 19

MORNING
*Today I am looking forward to . . .*

_____

_____

_____

_____

_____

_____

_____

NIGHT
*I am happy I accomplished . . .*

_____

_____

_____

_____

_____

_____

_____

MORNING

*I will make it a good day by . . .*

_____

_____

_____

_____

_____

_____

_____

NIGHT

*Today I really enjoyed . . .*

_____

_____

_____

_____

_____

_____

# AUGUST 21

MORNING

*I am determined to . . .*

_____

_____

_____

_____

_____

_____

_____

NIGHT

*Tonight I am grateful for . . .*

_____

_____

_____

_____

_____

_____

_____

MORNING

*Today I am looking forward to . . .*

_____

_____

_____

_____

_____

_____

_____

NIGHT

*I am happy I accomplished . . .*

_____

_____

_____

_____

_____

_____

# AUGUST 23

MORNING

*I will make it a good day by . . .*

_____

_____

_____

_____

_____

_____

_____

NIGHT

*Today I really enjoyed . . .*

_____

_____

_____

_____

_____

_____

_____

# AUGUST 24

MORNING

*I am determined to . . .*

_____

_____

_____

_____

_____

_____

_____

NIGHT

*Tonight I am grateful for . . .*

_____

_____

_____

_____

_____

_____

# AUGUST 25

MORNING

*Today I am looking forward to . . .*

_____

_____

_____

_____

_____

_____

_____

NIGHT

*I am happy I accomplished . . .*

_____

_____

_____

_____

_____

_____

# AUGUST 26

MORNING

*I will make it a good day by . . .*

_____

_____

_____

_____

_____

_____

_____

NIGHT

*Today I really enjoyed . . .*

_____

_____

_____

_____

_____

_____

## AUGUST 27

MORNING

*I am determined to ...*

_____

_____

_____

_____

_____

_____

_____

..................................................................................................

NIGHT

*Tonight I am grateful for ...*

_____

_____

_____

_____

_____

_____

# AUGUST 28

MORNING

*Today I am looking forward to . . .*

---

---

---

---

---

---

---

NIGHT

*I am happy I accomplished . . .*

---

---

---

---

---

---

# AUGUST 29

MORNING

*I will make it a good day by . . .*

_____

_____

_____

_____

_____

_____

_____

NIGHT

*Today I really enjoyed . . .*

_____

_____

_____

_____

_____

_____

_____

# AUGUST 30

MORNING

*I am determined to . . .*

_____

_____

_____

_____

_____

_____

_____

NIGHT

*Tonight I am grateful for . . .*

_____

_____

_____

_____

_____

_____

# AUGUST 31

MORNING

*Today I am looking forward to ...*

_____

_____

_____

_____

_____

_____

_____

NIGHT

*I am happy I accomplished ...*

_____

_____

_____

_____

_____

_____

# SEPTEMBER 1

MORNING

*I will make it a good day by . . .*

_____

_____

_____

_____

_____

_____

_____

NIGHT

*Today I really enjoyed . . .*

_____

_____

_____

_____

_____

_____

MORNING

*I am determined to . . .*

_____

_____

_____

_____

_____

_____

_____

NIGHT

*Tonight I am grateful for . . .*

_____

_____

_____

_____

_____

_____

_____

# SEPTEMBER 3

MORNING
*Today I am looking forward to . . .*

_____

_____

_____

_____

_____

_____

NIGHT
*I am happy I accomplished . . .*

_____

_____

_____

_____

_____

_____

MORNING

*I will make it a good day by...*

_____

_____

_____

_____

_____

_____

_____

NIGHT

*Today I really enjoyed...*

_____

_____

_____

_____

_____

_____

_____

# SEPTEMBER 5

MORNING

*I am determined to ...*

_____

_____

_____

_____

_____

_____

_____

NIGHT

*Tonight I am grateful for ...*

_____

_____

_____

_____

_____

_____

MORNING

*Today I am looking forward to ...*

_____

_____

_____

_____

_____

_____

_____

NIGHT

*I am happy I accomplished ...*

_____

_____

_____

_____

_____

_____

_____

# SEPTEMBER 7

MORNING

*I will make it a good day by . . .*

_____

_____

_____

_____

_____

_____

_____

NIGHT

*Today I really enjoyed . . .*

_____

_____

_____

_____

_____

_____

# SEPTEMBER 8

MORNING

*I am determined to . . .*

_____

_____

_____

_____

_____

_____

_____

NIGHT

*Tonight I am grateful for . . .*

_____

_____

_____

_____

_____

_____

# SEPTEMBER 9

MORNING

*Today I am looking forward to . . .*

_____

_____

_____

_____

_____

_____

_____

NIGHT

*I am happy I accomplished . . .*

_____

_____

_____

_____

_____

_____

# SEPTEMBER 10

MORNING
*I will make it a good day by...*

_____

_____

_____

_____

_____

_____

_____

NIGHT
*Today I really enjoyed...*

_____

_____

_____

_____

_____

_____

# SEPTEMBER 11

MORNING

*I am determined to . . .*

_____

_____

_____

_____

_____

_____

_____

NIGHT

*Tonight I am grateful for . . .*

_____

_____

_____

_____

_____

_____

# SEPTEMBER 12

MORNING

*Today I am looking forward to . . .*

_____

_____

_____

_____

_____

_____

_____

NIGHT

*I am happy I accomplished . . .*

_____

_____

_____

_____

_____

_____

_____

# SEPTEMBER 13

MORNING

*I will make it a good day by . . .*

_____

_____

_____

_____

_____

_____

_____

NIGHT

*Today I really enjoyed . . .*

_____

_____

_____

_____

_____

_____

# SEPTEMBER 14

MORNING

*I am determined to . . .*

_____

_____

_____

_____

_____

_____

_____

NIGHT

*Tonight I am grateful for . . .*

_____

_____

_____

_____

_____

_____

# SEPTEMBER 15

MORNING

*Today I am looking forward to . . .*

___

___

___

___

___

___

___

‧‧‧‧‧‧‧‧‧‧‧‧‧‧‧‧‧‧‧‧‧‧‧‧‧‧‧‧‧‧‧‧‧‧‧‧‧‧‧‧‧‧‧‧‧‧‧‧‧‧‧‧‧‧‧‧‧‧‧‧‧‧‧‧‧‧‧‧‧‧‧‧‧‧‧‧‧‧‧‧‧‧‧‧‧‧‧‧‧‧‧‧‧‧‧‧‧‧‧‧‧‧‧‧‧‧‧‧‧‧‧‧‧‧‧

NIGHT

*I am happy I accomplished . . .*

___

___

___

___

___

___

# SEPTEMBER 16

MORNING

*I will make it a good day by...*

_____

_____

_____

_____

_____

_____

NIGHT

*Today I really enjoyed...*

_____

_____

_____

_____

_____

_____

# SEPTEMBER 17

MORNING

*I am determined to . . .*

_____

_____

_____

_____

_____

_____

_____

NIGHT

*Tonight I am grateful for . . .*

_____

_____

_____

_____

_____

_____

# SEPTEMBER 18

MORNING
*Today I am looking forward to . . .*

_____

_____

_____

_____

_____

_____

_____

NIGHT
*I am happy I accomplished . . .*

_____

_____

_____

_____

_____

_____

_____

# SEPTEMBER 19

MORNING

*I will make it a good day by ...*

_____

_____

_____

_____

_____

_____

_____

NIGHT

*Today I really enjoyed ...*

_____

_____

_____

_____

_____

_____

# SEPTEMBER 20

MORNING
*I am determined to . . .*

_____

_____

_____

_____

_____

_____

NIGHT
*Tonight I am grateful for . . .*

_____

_____

_____

_____

_____

_____

# SEPTEMBER 21

MORNING
*Today I am looking forward to...*

_____

_____

_____

_____

_____

_____

_____

NIGHT
*I am happy I accomplished...*

_____

_____

_____

_____

_____

_____

# SEPTEMBER 22

MORNING

*I will make it a good day by...*

_____

_____

_____

_____

_____

_____

_____

NIGHT

*Today I really enjoyed...*

_____

_____

_____

_____

_____

_____

_____

# SEPTEMBER 23

MORNING

*I am determined to . . .*

_____

_____

_____

_____

_____

_____

_____

NIGHT

*Tonight I am grateful for . . .*

_____

_____

_____

_____

_____

_____

# SEPTEMBER 24

MORNING
*Today I am looking forward to . . .*

_____

_____

_____

_____

_____

_____

_____

NIGHT
*I am happy I accomplished . . .*

_____

_____

_____

_____

_____

_____

_____

# SEPTEMBER 25

MORNING

*I will make it a good day by...*

_____

_____

_____

_____

_____

_____

_____

NIGHT

*Today I really enjoyed...*

_____

_____

_____

_____

_____

_____

# SEPTEMBER 26

MORNING

*I am determined to . . .*

_____

_____

_____

_____

_____

_____

_____

NIGHT

*Tonight I am grateful for . . .*

_____

_____

_____

_____

_____

_____

MORNING

*Today I am looking forward to ...*

_____

_____

_____

_____

_____

_____

_____

NIGHT

*I am happy I accomplished ...*

_____

_____

_____

_____

_____

_____

# SEPTEMBER 28

MORNING

*I will make it a good day by . . .*

_____

_____

_____

_____

_____

_____

_____

NIGHT

*Today I really enjoyed . . .*

_____

_____

_____

_____

_____

_____

_____

MORNING

*I am determined to . . .*

_____

_____

_____

_____

_____

_____

_____

NIGHT

*Tonight I am grateful for . . .*

_____

_____

_____

_____

_____

_____

# SEPTEMBER 30

MORNING
*Today I am looking forward to ...*

_____

_____

_____

_____

_____

_____

_____

NIGHT
*I am happy I accomplished ...*

_____

_____

_____

_____

_____

_____

# OCTOBER 1

MORNING

*I will make it a good day by . . .*

_____

_____

_____

_____

_____

_____

_____

NIGHT

*Today I really enjoyed . . .*

_____

_____

_____

_____

_____

_____

# OCTOBER 2

MORNING

*I am determined to . . .*

_____

_____

_____

_____

_____

_____

_____

NIGHT

*Tonight I am grateful for . . .*

_____

_____

_____

_____

_____

_____

# OCTOBER 3

MORNING

*Today I am looking forward to...*

_____

_____

_____

_____

_____

_____

_____

NIGHT

*I am happy I accomplished...*

_____

_____

_____

_____

_____

_____

# OCTOBER 4

MORNING
*I will make it a good day by ...*

_____

_____

_____

_____

_____

_____

_____

NIGHT
*Today I really enjoyed ...*

_____

_____

_____

_____

_____

_____

MORNING

*I am determined to ...*

_____

_____

_____

_____

_____

_____

_____

NIGHT

*Tonight I am grateful for ...*

_____

_____

_____

_____

_____

_____

# OCTOBER 6

MORNING

*Today I am looking forward to ...*

_____

_____

_____

_____

_____

_____

_____

NIGHT

*I am happy I accomplished ...*

_____

_____

_____

_____

_____

_____

_____

# OCTOBER 7

MORNING

*I will make it a good day by...*

_____

_____

_____

_____

_____

_____

_____

NIGHT

*Today I really enjoyed...*

_____

_____

_____

_____

_____

_____

# OCTOBER 8

MORNING

*I am determined to ...*

_____

_____

_____

_____

_____

_____

_____

NIGHT

*Tonight I am grateful for ...*

_____

_____

_____

_____

_____

_____

_____

# OCTOBER 9

MORNING
*Today I am looking forward to . . .*

_____

_____

_____

_____

_____

_____

_____

NIGHT
*I am happy I accomplished . . .*

_____

_____

_____

_____

_____

_____

# OCTOBER 10

MORNING

*I will make it a good day by . . .*

_____

_____

_____

_____

_____

_____

_____

NIGHT

*Today I really enjoyed . . .*

_____

_____

_____

_____

_____

_____

# OCTOBER 11

MORNING

*I am determined to . . .*

_____

_____

_____

_____

_____

_____

_____

NIGHT

*Tonight I am grateful for . . .*

_____

_____

_____

_____

_____

_____

_____

# OCTOBER 12

MORNING

*Today I am looking forward to ...*

_____

_____

_____

_____

_____

_____

_____

NIGHT

*I am happy I accomplished ...*

_____

_____

_____

_____

_____

_____

# OCTOBER 13

MORNING

*I will make it a good day by . . .*

_____

_____

_____

_____

_____

_____

_____

NIGHT

*Today I really enjoyed . . .*

_____

_____

_____

_____

_____

_____

_____

# OCTOBER 14

MORNING

*I am determined to . . .*

_____

_____

_____

_____

_____

_____

_____

NIGHT

*Tonight I am grateful for . . .*

_____

_____

_____

_____

_____

_____

# OCTOBER 15

MORNING

*Today I am looking forward to . . .*

_____

_____

_____

_____

_____

_____

_____

NIGHT

*I am happy I accomplished . . .*

_____

_____

_____

_____

_____

_____

# OCTOBER 16

MORNING

*I will make it a good day by . . .*

_____

_____

_____

_____

_____

_____

_____

NIGHT

*Today I really enjoyed . . .*

_____

_____

_____

_____

_____

_____

_____

# OCTOBER 17

MORNING

*I am determined to ...*

_____

_____

_____

_____

_____

_____

_____

NIGHT

*Tonight I am grateful for ...*

_____

_____

_____

_____

_____

_____

# OCTOBER 18

MORNING
*Today I am looking forward to . . .*

_____

_____

_____

_____

_____

_____

_____

NIGHT
*I am happy I accomplished . . .*

_____

_____

_____

_____

_____

_____

_____

# OCTOBER 19

MORNING

*I will make it a good day by . . .*

_____

_____

_____

_____

_____

_____

_____

_____

NIGHT

*Today I really enjoyed . . .*

_____

_____

_____

_____

_____

_____

# OCTOBER 20

MORNING

*I am determined to . . .*

_____

_____

_____

_____

_____

_____

_____

NIGHT

*Tonight I am grateful for . . .*

_____

_____

_____

_____

_____

_____

# OCTOBER 21

MORNING

*Today I am looking forward to . . .*

_____

_____

_____

_____

_____

_____

_____

NIGHT

*I am happy I accomplished . . .*

_____

_____

_____

_____

_____

# OCTOBER 22

MORNING
*I will make it a good day by . . .*

_____

_____

_____

_____

_____

_____

_____

NIGHT
*Today I really enjoyed . . .*

_____

_____

_____

_____

_____

_____

_____

# OCTOBER 23

MORNING

*I am determined to . . .*

_____

_____

_____

_____

_____

_____

_____

NIGHT

*Tonight I am grateful for . . .*

_____

_____

_____

_____

_____

_____

# OCTOBER 24

MORNING

*Today I am looking forward to . . .*

_____

_____

_____

_____

_____

_____

_____

NIGHT

*I am happy I accomplished . . .*

_____

_____

_____

_____

_____

_____

# OCTOBER 25

MORNING

*I will make it a good day by...*

_____

_____

_____

_____

_____

_____

_____

NIGHT

*Today I really enjoyed...*

_____

_____

_____

_____

_____

_____

# OCTOBER 26

MORNING

*I am determined to . . .*

_____

_____

_____

_____

_____

_____

_____

NIGHT

*Tonight I am grateful for . . .*

_____

_____

_____

_____

_____

_____

_____

# OCTOBER 27

MORNING

*Today I am looking forward to ...*

_____

_____

_____

_____

_____

_____

_____

NIGHT

*I am happy I accomplished ...*

_____

_____

_____

_____

_____

_____

# OCTOBER 28

MORNING

*I will make it a good day by . . .*

_____

_____

_____

_____

_____

_____

_____

NIGHT

*Today I really enjoyed . . .*

_____

_____

_____

_____

_____

_____

_____

# OCTOBER 29

MORNING

*I am determined to . . .*

_____

_____

_____

_____

_____

_____

_____

NIGHT

*Tonight I am grateful for . . .*

_____

_____

_____

_____

_____

_____

_____

# OCTOBER 30

MORNING

*Today I am looking forward to . . .*

_____

_____

_____

_____

_____

_____

_____

NIGHT

*I am happy I accomplished . . .*

_____

_____

_____

_____

_____

_____

# OCTOBER 31

MORNING

*I will make it a good day by . . .*

_____

_____

_____

_____

_____

_____

_____

NIGHT

*Today I really enjoyed . . .*

_____

_____

_____

_____

_____

_____

# NOVEMBER 1

MORNING
*I am determined to . . .*

_____

_____

_____

_____

_____

_____

_____

NIGHT

*Tonight I am grateful for . . .*

_____

_____

_____

_____

_____

_____

_____

# NOVEMBER 2

MORNING
*Today I am looking forward to . . .*

_____

_____

_____

_____

_____

_____

_____

NIGHT
*I am happy I accomplished . . .*

_____

_____

_____

_____

_____

_____

# NOVEMBER 3

MORNING
*I will make it a good day by...*

_____

_____

_____

_____

_____

_____

_____

NIGHT
*Today I really enjoyed...*

_____

_____

_____

_____

_____

_____

# NOVEMBER 4

MORNING

*I am determined to . . .*

_____

_____

_____

_____

_____

_____

_____

NIGHT

*Tonight I am grateful for . . .*

_____

_____

_____

_____

_____

_____

# NOVEMBER 5

MORNING

*Today I am looking forward to ...*

_____

_____

_____

_____

_____

_____

_____

NIGHT

*I am happy I accomplished ...*

_____

_____

_____

_____

_____

_____

_____

# NOVEMBER 6

MORNING

*I will make it a good day by . . .*

_____

_____

_____

_____

_____

_____

_____

NIGHT

*Today I really enjoyed . . .*

_____

_____

_____

_____

_____

_____

# NOVEMBER 7

MORNING

*I am determined to . . .*

_____

_____

_____

_____

_____

_____

_____

NIGHT

*Tonight I am grateful for . . .*

_____

_____

_____

_____

_____

_____

MORNING

*Today I am looking forward to . . .*

_____

_____

_____

_____

_____

_____

_____

NIGHT

*I am happy I accomplished . . .*

_____

_____

_____

_____

_____

_____

# NOVEMBER 9

MORNING

*I will make it a good day by...*

_____

_____

_____

_____

_____

_____

_____

NIGHT

*Today I really enjoyed...*

_____

_____

_____

_____

_____

_____

_____

# NOVEMBER 10

MORNING
*I am determined to . . .*

_____

_____

_____

_____

_____

_____

_____

NIGHT

*Tonight I am grateful for . . .*

_____

_____

_____

_____

_____

_____

# NOVEMBER 11

MORNING

*Today I am looking forward to . . .*

_____

_____

_____

_____

_____

_____

_____

NIGHT

*I am happy I accomplished . . .*

_____

_____

_____

_____

_____

_____

# NOVEMBER 12

MORNING

*I will make it a good day by . . .*

_____

_____

_____

_____

_____

_____

NIGHT

*Today I really enjoyed . . .*

_____

_____

_____

_____

_____

# NOVEMBER 13

MORNING

*I am determined to . . .*

_____

_____

_____

_____

_____

_____

_____

NIGHT

*Tonight I am grateful for . . .*

_____

_____

_____

_____

_____

_____

_____

# NOVEMBER 14

MORNING

*Today I am looking forward to . . .*

_____

_____

_____

_____

_____

_____

_____

NIGHT

*I am happy I accomplished . . .*

_____

_____

_____

_____

_____

_____

# NOVEMBER 15

MORNING

*I will make it a good day by...*

_____

_____

_____

_____

_____

_____

_____

NIGHT

*Today I really enjoyed...*

_____

_____

_____

_____

_____

_____

# NOVEMBER 16

MORNING

*I am determined to . . .*

_____

_____

_____

_____

_____

_____

_____

NIGHT

*Tonight I am grateful for . . .*

_____

_____

_____

_____

_____

_____

MORNING

*Today I am looking forward to . . .*

_____

_____

_____

_____

_____

_____

_____

NIGHT

*I am happy I accomplished . . .*

_____

_____

_____

_____

_____

_____

_____

# NOVEMBER 18

MORNING

*I will make it a good day by...*

_____

_____

_____

_____

_____

_____

_____

NIGHT

*Today I really enjoyed...*

_____

_____

_____

_____

_____

_____

# NOVEMBER 19

MORNING

*I am determined to . . .*

_____

_____

_____

_____

_____

_____

_____

NIGHT

*Tonight I am grateful for . . .*

_____

_____

_____

_____

_____

_____

# NOVEMBER 20

MORNING

*Today I am looking forward to...*

_____

_____

_____

_____

_____

_____

_____

NIGHT

*I am happy I accomplished...*

_____

_____

_____

_____

_____

# NOVEMBER 21

MORNING
*I will make it a good day by . . .*

_____

_____

_____

_____

_____

_____

NIGHT
*Today I really enjoyed . . .*

_____

_____

_____

_____

_____

# NOVEMBER 22

MORNING

*I am determined to . . .*

_____

_____

_____

_____

_____

_____

_____

NIGHT

*Tonight I am grateful for . . .*

_____

_____

_____

_____

_____

_____

# NOVEMBER 23

MORNING

*Today I am looking forward to . . .*

_____

_____

_____

_____

_____

_____

_____

NIGHT

*I am happy I accomplished . . .*

_____

_____

_____

_____

_____

_____

MORNING

*I will make it a good day by...*

_____

_____

_____

_____

_____

_____

_____

NIGHT

*Today I really enjoyed...*

_____

_____

_____

_____

_____

_____

_____

MORNING
*I am determined to . . .*

_____

_____

_____

_____

_____

_____

_____

NIGHT
*Tonight I am grateful for . . .*

_____

_____

_____

_____

_____

_____

_____

MORNING

*Today I am looking forward to . . .*

_____

_____

_____

_____

_____

_____

_____

NIGHT

*I am happy I accomplished . . .*

_____

_____

_____

_____

_____

_____

# NOVEMBER 27

MORNING

*I will make it a good day by . . .*

_____

_____

_____

_____

_____

_____

_____

NIGHT

*Today I really enjoyed . . .*

_____

_____

_____

_____

_____

_____

_____

# NOVEMBER 28

MORNING

*I am determined to . . .*

_____

_____

_____

_____

_____

_____

_____

NIGHT

*Tonight I am grateful for . . .*

_____

_____

_____

_____

_____

# NOVEMBER 29

MORNING

*Today I am looking forward to . . .*

_____

_____

_____

_____

_____

_____

_____

NIGHT

*I am happy I accomplished . . .*

_____

_____

_____

_____

_____

_____

_____

# NOVEMBER 30

MORNING

*I will make it a good day by . . .*

_____

_____

_____

_____

_____

_____

_____

NIGHT

*Today I really enjoyed . . .*

_____

_____

_____

_____

_____

_____

# DECEMBER 1

MORNING
*I am determined to . . .*

_____

_____

_____

_____

_____

_____

_____

NIGHT
*Tonight I am grateful for . . .*

_____

_____

_____

_____

_____

_____

# DECEMBER 2

MORNING

*Today I am looking forward to . . .*

_____

_____

_____

_____

_____

_____

_____

NIGHT

*I am happy I accomplished . . .*

_____

_____

_____

_____

_____

_____

# DECEMBER 3

MORNING

*I will make it a good day by ...*

_____

_____

_____

_____

_____

_____

_____

NIGHT

*Today I really enjoyed ...*

_____

_____

_____

_____

_____

_____

# DECEMBER 4

MORNING

*I am determined to . . .*

_____

_____

_____

_____

_____

_____

NIGHT

*Tonight I am grateful for . . .*

_____

_____

_____

_____

_____

_____

# DECEMBER 5

MORNING

*Today I am looking forward to . . .*

_____

_____

_____

_____

_____

_____

_____

NIGHT

*I am happy I accomplished . . .*

_____

_____

_____

_____

_____

_____

# DECEMBER 6

MORNING

*I will make it a good day by...*

---

---

---

---

---

---

---

---

NIGHT

*Today I really enjoyed...*

---

---

---

---

---

---

# DECEMBER 7

MORNING

*I am determined to . . .*

_____

_____

_____

_____

_____

_____

_____

NIGHT

*Tonight I am grateful for . . .*

_____

_____

_____

_____

_____

_____

_____

# DECEMBER 8

MORNING

*Today I am looking forward to ...*

_____

_____

_____

_____

_____

_____

_____

NIGHT

*I am happy I accomplished ...*

_____

_____

_____

_____

_____

_____

# DECEMBER 9

MORNING

*I will make it a good day by . . .*

_____

_____

_____

_____

_____

_____

_____

NIGHT

*Today I really enjoyed . . .*

_____

_____

_____

_____

_____

_____

_____

# DECEMBER 10

MORNING

*I am determined to . . .*

NIGHT

*Tonight I am grateful for . . .*

# DECEMBER 11

MORNING

*Today I am looking forward to ...*

_____

_____

_____

_____

_____

_____

NIGHT

*I am happy I accomplished ...*

_____

_____

_____

_____

_____

_____

# DECEMBER 12

MORNING

*I will make it a good day by . . .*

_____

_____

_____

_____

_____

_____

_____

NIGHT

*Today I really enjoyed . . .*

_____

_____

_____

_____

_____

_____

# DECEMBER 13

MORNING

*I am determined to . . .*

_____

_____

_____

_____

_____

_____

NIGHT

*Tonight I am grateful for . . .*

_____

_____

_____

_____

_____

_____

# DECEMBER 14

MORNING

*Today I am looking forward to . . .*

_____

_____

_____

_____

_____

_____

_____

NIGHT

*I am happy I accomplished . . .*

_____

_____

_____

_____

_____

_____

MORNING

*I will make it a good day by ...*

_____

_____

_____

_____

_____

_____

_____

NIGHT

*Today I really enjoyed ...*

_____

_____

_____

_____

_____

_____

# DECEMBER 16

MORNING

*I am determined to . . .*

_____

_____

_____

_____

_____

_____

_____

NIGHT

*Tonight I am grateful for . . .*

_____

_____

_____

_____

_____

_____

# DECEMBER 17

MORNING
*Today I am looking forward to . . .*

_____

_____

_____

_____

_____

_____

_____

NIGHT
*I am happy I accomplished . . .*

_____

_____

_____

_____

_____

_____

# DECEMBER 18

MORNING

*I will make it a good day by . . .*

_____

_____

_____

_____

_____

_____

NIGHT

*Today I really enjoyed . . .*

_____

_____

_____

_____

_____

# DECEMBER 19

MORNING

*I am determined to . . .*

_____

_____

_____

_____

_____

_____

NIGHT

*Tonight I am grateful for . . .*

_____

_____

_____

_____

_____

_____

# DECEMBER 20

MORNING

*Today I am looking forward to . . .*

_____

_____

_____

_____

_____

_____

_____

NIGHT

*I am happy I accomplished . . .*

_____

_____

_____

_____

_____

_____

# DECEMBER 21

MORNING

*I will make it a good day by...*

_____

_____

_____

_____

_____

_____

NIGHT

*Today I really enjoyed...*

_____

_____

_____

_____

_____

_____

# DECEMBER 22

MORNING

*I am determined to . . .*

_____

_____

_____

_____

_____

_____

_____

NIGHT

*Tonight I am grateful for . . .*

_____

_____

_____

_____

_____

_____

# DECEMBER 23

MORNING
*Today I am looking forward to ...*

_____

_____

_____

_____

_____

_____

_____

NIGHT
*I am happy I accomplished ...*

_____

_____

_____

_____

_____

_____

_____

# DECEMBER 24

MORNING

*I will make it a good day by . . .*

_____

_____

_____

_____

_____

_____

_____

NIGHT

*Today I really enjoyed . . .*

_____

_____

_____

_____

_____

_____

# DECEMBER 25

MORNING

*I am determined to . . .*

_____

_____

_____

_____

_____

_____

_____

NIGHT

*Tonight I am grateful for . . .*

_____

_____

_____

_____

_____

_____

# DECEMBER 26

MORNING

*Today I am looking forward to . . .*

_____

_____

_____

_____

_____

_____

_____

NIGHT

*I am happy I accomplished . . .*

_____

_____

_____

_____

_____

_____

# DECEMBER 27

MORNING

*I will make it a good day by . . .*

_____

_____

_____

_____

_____

_____

_____

NIGHT

*Today I really enjoyed . . .*

_____

_____

_____

_____

_____

_____

# DECEMBER 28

MORNING

*I am determined to ...*

_____

_____

_____

_____

_____

_____

_____

NIGHT

*Tonight I am grateful for ...*

_____

_____

_____

_____

_____

_____

# DECEMBER 29

MORNING

*Today I am looking forward to . . .*

_____

_____

_____

_____

_____

_____

_____

NIGHT

*I am happy I accomplished . . .*

_____

_____

_____

_____

_____

_____

_____

# DECEMBER 30

MORNING

*I will make it a good day by...*

_____

_____

_____

_____

_____

_____

_____

NIGHT

*Today I really enjoyed...*

_____

_____

_____

_____

_____

_____

# DECEMBER 31

MORNING

*I am determined to ...*

_____

_____

_____

_____

_____

_____

_____

NIGHT

*Tonight I am grateful for ...*

_____

_____

_____

_____

_____

_____

_____

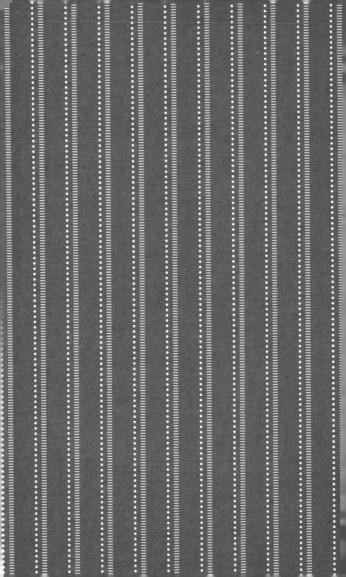